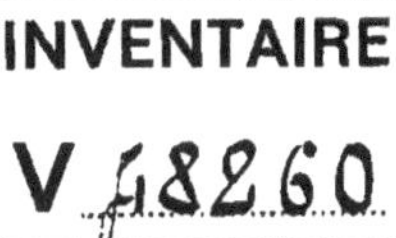

OBSERVATIONS

SUR LA NÉCESSITÉ

D'ÉTENDRE A L'ÉTRANGER

NOTRE COMMERCE D'EXPORTATION,

ET PARTICULIÈREMENT AVEC LA RUSSIE:

SUIVIES DE QUELQUES CONSIDÉRATIONS SUR LES CONSULATS ET LES CAUSES QUI ONT ARRÊTÉ LE DÉVELOPPEMENT DE NOTRE INDUSTRIE.

Par A. C. P. P*******,

Ex-officier de cavalerie, chevalier de la Légion-d'Honneur.

« La prohibition et les droits élevés d'entrée
« blessent les intérêts généraux et paralysent les
« débouchés de nos produits manufacturés.
« Si la liberté est nécessaire à l'homme, elle ne
« l'est pas moins au commerce. »

A PARIS,

1831

OBSERVATIONS

SUR LA NÉCESSITÉ

D'ÉTENDRE A L'ÉTRANGER

NOTRE COMMERCE D'EXPORTATION,

ET PARTICULIÈREMENT AVEC LA RUSSIE.

PARIS. — IMPRIMERIE DE AUGUSTE MIE,
Rue Joquelet, nº 9, place de la Bourse.

OBSERVATIONS

SUR LA NÉCESSITÉ

D'ÉTENDRE A L'ÉTRANGER

NOTRE COMMERCE D'EXPORTATION,

ET PARTICULIÈREMENT AVEC LA RUSSIE;

SUIVIES DE QUELQUES CONSIDÉRATIONS SUR LES CONSULATS ET LES CAUSES QUI ONT ARRÊTÉ LE DÉVELOPPEMENT DE NOTRE INDUSTRIE.

Par A. C. P. P*******,

Ex-officier de cavalerie, chevalier de la Légion-d'Honneur.

« La prohibition et les droits élevés d'entrée « blessent les intérêts généraux et paralysent les « débouchés de nos produits manufacturés.

« Si la liberté est nécessaire à l'homme, elle ne « l'est pas moins au commerce. »

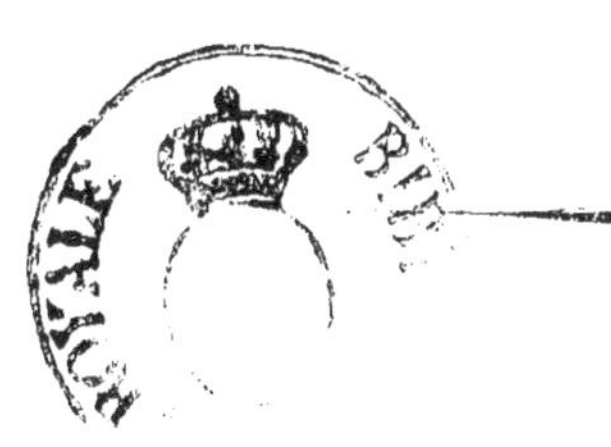

A PARIS,

1831

AVANT-PROPOS.

Le but que je me propose, en mettant au jour (sous le titre d'*Observations*) cet écrit de peu d'étendue, est de fixer particulièrement l'attention du gouvernement et des négocians sur l'importance qu'il y a d'étendre notre commerce d'exportation avec tous les pays, et plus spécialement avec la Russie.

Pour y parvenir, il faut examiner avec attention les débouchés déjà établis dans l'intérêt de notre belle et utile industrie manufacturière et des autres produits de notre sol.

Le gouvernement venant appuyer de sa protection notre commerce extérieur, la France recueillera bientôt les fruits de la régénération de notre industrie, qui, depuis nombre d'années, souffre et languit dans un état voisin de la nullité.

Je ne m'étends pas sur beaucoup d'objets intéressans que la Russie possède, mon intention a été seulement de démontrer en général, l'importance des rapports que nous pourrions avoir avec elle. J'ai choisi la laine pour objet de comparaison, en signalant tous les emplois dont elle est susceptible; elle m'a aussi offert par son application à l'industrie l'avantage de bien faire comprendre toutes les conséquences qui peuvent s'appliquer à d'autres matières que la faible étendue de cet ouvrage ne m'a permis de traiter que sommairement.

Mon désir est de voir la France se créer des débouchés à l'extérieur par un système basé sur des motifs raisonnables.

Les données que je présente dans ce petit ouvrage, ont besoin d'être élaborées par des hommes plus éclairés; néanmoins elles seront toujours utiles pour servir de bases à un travail plus considérable et engageront peut-être aussi les négocians Français à prendre une plus grande part au commerce qui se fait en Russie, et dont les Anglais sont presque seuls en possession.

Un projet d'opération commerciale m'avait déterminé, en février dernier, à faire le voyage de Russie; je fis à St.-Pétersbourg un séjour de six mois; mes compatriotes m'y accueillirent avec bienveillance, et je reçus de l'un d'entre eux l'hospitalité la plus généreuse. Je trouvai dans l'intérieur de son aimable et intéressante famille, tout le bonheur qu'on peut éprouver au sein de l'amitié : j'en conserve la plus vive reconnaissance et des souvenirs qui ne s'effaceront jamais de mon cœur.

Je ne me trouvais pas étranger en Russie, on

parlait français dans toutes les maisons où mes affaires m'appelaient; j'étais entouré d'hommes éclairés, Russes et Français; leur société m'a mis à même de faire beaucoup de remarques utiles, je me fais un devoir de les rapporter à mes compatriotes, je désire quelles soient pour eux de quelque intérêt.

J'ai vu et apprécié l'état de l'industrie et du commerce en Russie; c'est par suite de discussions longues et journalières avec ces mêmes hommes éclairés que j'ai compris tous les avantages que retireraient les deux pays de relations plus étendues.

L'analogie de caractère qui existe entre les Français et les Russes, me donne ici l'occasion d'en retracer quelques particularités.

Le caractère du Russe, en dehors de celui qui est propre au commerce et que j'ai dépeint dans le cours de cet ouvrage, présente, comme je viens de le dire, beaucoup d'affinité avec celui des Français.

Peut-être si nos mœurs diffèrent de celles des Russes, nous ne le devons qu'à la civilisation qui chez eux n'a pas encore achevé d'exercer son empire.

En France, nous nous faisons une fausse idée des Russes, nous nous en ferions également une très fausse en Russie, si nous jugions par ce que l'on voit dans les grandes villes. Cette fausse idée, dis-je, provient sans doute de ce dont nous avons été témoins, lors du séjour de l'armée d'occupation. Il en est de cela comme si nous voulions comparer la sévérité du code militaire français à nos lois pénales et civiles.

Pour bien connaître les Russes, il faut les voir dans leur pays, où l'administration des communes est toute patriarchale, elle est ordinairement confiée à un homme âgé, assisté d'un conseil; ils nomment à toutes les fonctions municipales. Ce ne sont pas les bonnes lois qui manquent en Russie, car il en existe beaucoup, mais elles restent dans l'oubli. On pourrait peut-être dire avec vérité qu'en général on cherche plutôt à les éviter qu'à en faire l'application. On connaît mal la Russie; l'âpreté de son climat, ses institutions peu protectrices pour les étrangers, et une foule d'abus sont les causes qui jusqu'alors les ont empêché de s'y fixer.

Le Russe prétend n'avoir pas besoin des étrangers; en les éloignant, il fait comme le sauvage qui coupe l'arbre pour en avoir le fruit. Cependant sans ces étrangers, la civilisation et l'industrie qu'ils possèdent s'anéantiraient. Ils commencent néanmoins à reconnaître l'erreur de ce préjugé, et on voit depuis plusieurs années s'augmenter en Russie le nombre des maisons françaises et des autres nations.

J'ai eu beaucoup de rapports avec le ministre des finances, le général Kankrine, chargé également du commerce; c'est un homme probe, éclairé, accessible, laborieux au-delà de toute expression, dont le travail facile fait que tout ce qui est relatif à son administration lui est soumis, et qu'il entre dans les détails les plus minutieux. L'étendue et l'importance de ce ministère sont immenses, et ses divisions fort simples : tout marche et s'expédie assez promptement malgré la masse de paperasses que chaque affaire nécessite.

J'ai eu également de fréquens rapports avec un homme de haut mérite, M. Drouginin, directeur général du commerce intérieur. Il est fort instruit, administrateur zélé et éclairé, très affable et d'une bonhomie inaltérable. J'ai été à même d'apprécier les grandes qualités qui le distinguent.

Si j'entre dans des personnalités, c'est une justice que je dois au caractère de la nation et des hommes de distinction auxquels j'ai eu affaire. Je crois en même temps rendre service à ceux de mes compatriotes qui peuvent être dans le cas de faire le voyage de Russie, soit pour affaires, soit pour y établir des fabriques.

Ma franchise ne me permet pas de passer sous silence certains faits qui viennent détruire, pour un instant, l'illusion qu'on pourrait s'être faite. Mon silence serait plus coupable envers mon pays que généreux envers les Russes.

Un des grands vices des administrations de Russie, est le manque de foi et les petites ruses qu'on emploie pour s'emparer de ce qui est nouveau ou d'une utilité quelconque introduit par les étrangers. Cette conduite discrédite le gouvernement et blesse les intérêts des particuliers qui y ont confiance; il n'est pas rare de voir un ministre prendre des engagemens verbaux, ou par écrit, et y manquer sans donner de raison autre que sa volonté. L'étranger qui y ajoute foi, prend des dispositions qui lui occasionnent souvent de grands frais, mais il s'abuse, et son illusion se détruit par une foule d'obstacles qui se présentent appuyés d'interprétations captieuses, c'est ce qu'ils appellent le *kruchok* (crochet); ils rient de cela et s'étonnent de vous voir chercher à expliquer les causes de ce machiavélisme. Si on témoigne quelque mécontentement, on vous répond : « Qui vous a prié de venir chez nous? » Ainsi donc, si vous comptez sur leurs promesses et sur leurs écrits, vous vous abusez et pouvez compromettre votre fortune et votre honneur.

J'avoue que je ne puis m'expliquer cette conduite, car le manque de foi montre de la faiblesse en même temps qu'il déshonore l'homme privé.

A plus forte raison, il frappe l'homme en place en l'avilissant.

Agir ainsi, c'est mal comprendre la dignité d'un gouvernement; de tels moyens sont indignes d'une grande nation.

Je n'avance rien ici que je ne puisse prouver; j'ai parlé avec franchise. Si par cet écrit j'ai atteint le but que je me suis proposé (celui d'être utile à mes compatriotes), si en examinant et comparant avec attention l'état actuel de la Russie, on partage mon opinion et les voeux ardens que je fais pour la prospérité du commerce de la France, mes plus vifs désirs seront remplis.

OBSERVATIONS

SUR LA NÉCESSITÉ

D'ÉTENDRE A L'ÉTRANGER

NOTRE COMMERCE D'EXPORTATION.

CHAPITRE PREMIER.

Des avantages de relations commerciales à établir entre la France et la Russie, et coup d'œil sur l'état actuel de l'industrie chez les Russes.

Le gouvernement doit à l'industrie, sous un Roi-citoyen, père de son peuple, des encouragemens et une protection toute particulière. Comme elle est la base de sa richesse commerciale, il lui appartient de rechercher les causes qui peuvent en amener le développement et de s'occuper des moyens de les réaliser.

La France, riche en produits agricoles, ne doit s'occuper que de l'industrie, trop long-temps négligée et sacrifiée à l'agriculture. Les encouragemens prodigués à l'agriculture depuis quinze ans, ont dû lui donner toute l'extension qu'elle pouvait atteindre; les cultivateurs eux-mêmes doivent désirer que nos relations extérieures prennent de l'accroissement, pour que les produits de notre sol soient recherchés, et par conséquent, augmentent de valeur. L'activité de nos fabriques contribuerait puissamment à cette augmentation, et il en résulterait un bien général. C'est pourtant ce que MM. les grands propriétaires n'ont point encore compris; c'est ce que la jeune France comprendra mieux en raison de son éducation positive.

Notre agriculture n'est point à la hauteur de celle des Anglais, des Allemands et des Belges; pourquoi? notre sol est aussi bon dans beaucoup de parties; qu'on essaye de lui assurer moins de priviléges, en donnant plus de développement à l'industrie, on reconnaîtra que cette dernière est l'âme de l'autre, et que sans elle les produits agricoles sont sans prix et languissent. Abandonnons notre agriculture à elle-même, qu'elle reçoive des stimulans nationaux, mais non pas des priviléges qui s'étendent jusqu'au monopole, et bientôt nous la verrons prospérer avec les capitaux que lui prêtera l'industrie par les transactions du commerce et un grand accroissement de consommation.

La France possède plusieurs industries inimitables même par les anglais qui en sont tributaires, ses débouchés à l'extérieur sont loin d'être en rapport avec les produits; il importe donc de chercher à établir des relations avec les pays qui n'ont que peu ou point d'industrie, comme la Russie, l'Espagne, le Levant, l'Amérique méridionale, le Brésil, l'Afrique, etc., etc. L'objet de ce mémoire est la Russie.

La Russie a dans sa noblesse, son tiers-état, les étrangers, et les riches marchands Russes, un besoin de luxe; tout chez eux doit flatter l'œil, la représentation est une nécessité, et le luxe en est la conséquence. La France, par l'élégance et le goût qui préside à tous les objets de ses fabriques, doit trouver d'immenses débouchés dans ses rapports avec la Russie.

Les Russes sont en possession de beaucoup de genres d'industries, plusieurs souffrent, d'autres tombent, quelques unes se soutiennent malgré la marche rétrograde qu'elles prennent, enfin toutes celles que l'on transporte en Russie ont été dès leur établissement inférieures à leurs modèles. Au lieu de se perfectionner on les voit petit à petit tomber en décadence. Aussi une grande partie des essais faits en Russie n'ont-ils pu atteindre le but qu'on s'était proposé, notamment pour les objets de luxe, de goût, de modes et fantaisie que la France seule est à même de fabriquer avec tous les avantages désirables et dont la Russie peut lui offrir, lorsqu'on le voudra, une très grande consommation.

La Russie, sous ces rapports, restera donc encore long-temps, comme presque toute l'Europe, tributaire de la France et de l'Angleterre, parce que le gouvernement Russe ne protège pas assez l'industrie.

L'Angleterre est en possession des deux tiers du commerce d'exportation en Russie, pourquoi la France ne rechercherait-elle pas les causes de cette immense disproportion et les avantages notables que l'Angleterre en retire? cela devrait d'autant plus fixer son attention, que la Russie ne pourra pas de sitôt améliorer ses productions industrielles. Il faut donc profiter de cet état de choses en s'emparant de tous les moyens possibles pour établir avec ce pays des relations mieux combinées et plus étendues, persuadé qu'on doit être, que la France, plus que toute autre nation industrieuse, peut, en étant mieux représentée à l'extérieur, obtenir la préférence même sur l'Angleterre, si on ne néglige rien pour arriver à ce but. Pour y parvenir, il est indispensable que les représentans de la France joignent aux capacités nécessaires l'amour de leur pays et un zèle ardent que la protection du gouvernement soutiendra.

Les prohibitions, les droits élevés d'entrée sur quelques articles, blessent les intérêts généraux, et paralysent le débouché de nos produits manufacturés. Je cite à l'appui de cette observation les laines, les fers, les aciers, etc. etc., qui sont ou prohibés ou sujets à un droit d'entrée si exorbitant, qu'il équivaut la prohibition même. Je le dis avec conviction, si la Liberté est nécessaire à l'homme, elle ne l'est pas moins au commerce.

Si le gouvernement enfin eût adopté le principe du développement extérieur, il aurait pu employer les 30 millions des secours au commerce en les appliquant à l'exportation ; il aurait donné une grande extension à nos débouchés et en aurait ouvert de nouveaux. Je suppose qu'on eût réparti cette somme à raison de dix pour cent à titre de prime de sortie sur toutes les marchandises de nos fabriques qu'on eût exportées en deux mois vu l'urgence, en déterminant à chaque maison le *quantum* et le genre de marchandises qu'elle eût pu exporter, le chiffre du mouvement eût été au moins de 300 millions et même plus élevé, parce qu'il est connu qu'une fois l'élan donné en France, on s'arrête rarement, ce moyen aurait excité les capitalistes à redonner des fonds au commerce, ou à en distraire du jeu de la bourse, nos fabriques se seraient défait des masses qu'elles avaient de marchandises; et ces marchandises portées chez les étrangers, à des prix plus doux que le cours ordinaire, auraient été connues et consommées par eux; de cette opération, il devait résulter de nouveaux rapports avec ces étrangers, et dans tous les cas une consommation assurée pour ce qui serait sorti de France et un renouvellement de capitaux et d'activité dans les fabriques ; enfin des ouvriers occupés. Il serait même resté au gouvernement une forte partie des 30 millions par suite des mouvemens dans les ports, et par la grande activité qui eût existé. Au lieu de cela on a enseveli pour long-temps ces 30 millions, dont le gouvernement perdra une partie par le peu de précaution, et par la promptitude avec laquelle a eu lieu la répartition dont le but a été manqué, parcequ'elle n'a été le résultat d'aucun calcul ni d'aucun système raisonné.

Mon idée était simple et facile à réaliser ; on n'aurait donné bien positivement qu'à celui qui possédait, à des fabricans, à des hommes industrieux et laborieux, et non à des intrigans ou à des hommes ruinés, dont les seuls droits étaient de puissantes protections ; mais comment cela aurait-il pu être ? il n'y aurait eu ni protecteur, ni protégé, mais seulement des hommes recommandables et méritans, ce qu'on ne voit que très rarement. Le mal était dans le retrait des capitaux, il fallait obliger ceux qui les retiraient à les rendre au commerce, en leur offrant des intérêts plus élevés.

CHAPITRE II.

La Russie considérée sous les rapports commerciaux et industriels.

La Russie, par son sol et l'étendue de son immense territoire, produit de tout, et principalement une grande quantité de matières premières utiles à tous les genres d'industries européennes. Son règne minéral, végétal et animal est très riche, la fertilité de son sol peut nourrir une population quatre fois plus nombreuse que celle de 54 millions qui existe. L'état d'inertie dans lequel y est plongée l'industrie, tient à sa politique intérieure et extérieure, au caractère indolent du Russe, qui n'est stimulé par rien, à son état d'esclavage, au peu de moyens de communication dans l'intérieur du pays et à son habitude de ne rien perfectionner. L'on croit généralement à l'étranger et chez nous, que l'imperfection de l'industrie chez les Russes, tient à d'autres motifs, c'est une erreur. Depuis l'introduction des mécaniques, il existe chez les peuples civilisés ou marchant comme les Russes à la civilisation, un nivellement d'industrie par l'introduction mécanique de nouveaux procédés et leur application à cet art. Si le Russe ne fait pas plus de progrès, on doit aussi l'attribuer au caractère national qui a l'amour-propre de croire bien tout ce qu'il fait, attendu qu'il est privé d'objets de comparaison. N'éprouvant que des besoins journaliers sans prendre aucun souci pour y subvenir, tout est bien pour lui, son attention ne se porte pas même sur l'avenir.

L'industrie que l'on porte en Russie, est comme les plantes que nous voulons y faire venir, elles y croissent, mais en dégénérant, et cette détérioration visible et successive ne produit que des fruits dénaturés. Telle est l'industrie qu'on crée chez le Russe, dès qu'il en est possesseur, chaque jour accélère la perte du mérite de son perfectionnement, et il n'en reste absolument que ce qui est nécessaire à une consommation usuelle, aussi l'exportation des produits de leurs manufactures n'a-t-elle lieu que dans les pays où la civilisation est au même degré que la leur. Ils trouvent d'immenses débouchés de ces produits dans l'Asie, avec laquelle des relations plus étendues s'établissent journellement.

Le Russe est intelligent, propre au petit commerce de détail, sait bien acheter et vendre, sans rien comprendre de plus élevé. Il est adroit dans les travaux manuels, ce qu'il fait avec une simple hache est surprenant; intéressé lorsqu'il est livré à lui-même, il manque de génie d'invention, et ses imitations sont beaucoup au-dessous de ce que peuvent faire les autres peuples civilisés. Il ne met aucune persévérance dans ses entreprises, et pressé qu'il est de gagner, il ne travaille toujours qu'à la hâte sans éprouver aucune idée de perfectionnement. Il aime sa patrie et la croit supérieure à toutes les autres nations. Peu de Russes voyagent, si ce n'est la noblesse; les connaissances qu'ils acquièrent chez les autres gouvernemens leur font prendre en horreur leur pays plus que les étrangers. Si le Russe ne voyage pas, cela ne dépend pas de sa volonté, mais bien de la politique de son gouvernement.

Il faut encore considérer la Russie sous divers autres points de vue :

1°. Le développement de son industrie chez les peuples d'Asie, et de sa consommation intérieure; à quoi seul, ou à peu de chose près, se réduisent les exportations et la consommation des objets manufacturés en Russie. J'en indiquerai l'espèce et le nombre.

2°. L'imperfection de son industrie ne lui permet pas d'exporter les produits de ses fabriques chez les nations civilisées de l'Europe.

3°. La Russie n'a donc à offrir à la France que des matières premières en échange et retour des articles manufacturés qu'elle lui portera; c'est à cette dernière d'employer tous les moyens possibles pour établir des relations qui ne peuvent qu'être fort utiles à ses fabriques.

4°. La France n'a pas à s'occuper des objets d'importation, il doit lui suffire de recevoir des matières brutes d'une valeur réelle et nécessaire à son industrie, en modifiant toutefois les droits d'entrée, de manière à ce qu'elle puisse réexporter avec avantage ces mêmes matières une fois fabriquées.

Il faut porter tous nos soins à faire connaître et apprécier nos produits manufacturés qui font la richesse de la France, et luttent avantageusement avec ses produits agricoles : c'est à ce but que le gouvernement doit atteindre.

La politique Russe intérieure et extérieure ajoute encore aux motifs de rechercher avec empressement d'établir des relations commerciales avec ce pays; voici ces motifs :

1°. L'industrie ne jouit en Russie que d'une apparence de protection, tout y est soumis à un despotisme révoltant, c'est ce qui en restreint l'extension; une multitude de petits établissemens nuisent à quelques grands qui seraient devenus très utiles au perfectionnement, s'ils avaient pu soutenir la concurrence de ces premiers, et s'ils n'avaient pas été comme entraînés à suivre la marche rétrograde de l'industrie, provenant des causes que j'ai signalées plus haut. C'est ainsi qu'au lieu d'arriver au perfectionnement, leurs ouvriers déjà formés, se négligent faute de ne trouver d'émulation que dans une partie des consommateurs Russes, l'autre partie trouvant tout bien, et les peuples d'Asie, leurs tributaires, n'ayant aucune idée de mieux.

2°. Les fabriques impériales sont également nuisibles à l'industrie, lorsqu'elles opèrent comme celles des particuliers Russes; le contraire aurait lieu si elles cherchaient à servir de modèle et à perfectionner de plus en plus leurs produits.

3°. Si la Russie réclame des mécaniques et quelques unes de nos industries, il ne faut pas hésiter à lui en céder, alors elle consommera de ces mêmes mécaniques, qui deviendront un besoin chez elle, ainsi que nos produits manufacturés, soit comme modèles, soit pour en introduire l'usage; avant qu'elle ait des résultats positifs, beaucoup de temps se sera écoulé, et une consommation considérable aura eu lieu au profit de la France. Les Anglais en agissent ainsi, seulement depuis peu, et cela n'a pas empêché la prospérité toujours croissante de leur importation d'objets fabriqués. Ce résultat vient encore corroborer ce que j'ai dit de l'état de l'industrie chez les Russes. Ce principe doit être le même pour toutes les autres nations.

CHAPITRE III.

Du Commerce entre la France et la Russie, des Consuls, des qualités qu'ils doivent posséder et de leur influence dans nos rapports avec la Russie.

Les rapports commerciaux entre la France et la Russie sont loin d'être connus, on peut même dire qu'on ne s'en est pas occupé, si on considère le commerce anglais qui à lui seul exporte les deux tiers de ce que cette nation reçoit d'objets manufacturés et autres, quand la France et les autres puissances réunies, n'exportent qu'un tiers!! Ce peu d'avantages que nous retirons de la Russie, qui nous en offre de si grands, tient autant à des considérations politiques et particulières qu'au peu de soin que la France met dans le choix des hommes qu'elle envoie à l'extérieur pour la représenter. Ces choix sont pourtant bien importans; ils devraient être faits parmi des hommes patriotes, éclairés, d'un caractère ferme et d'une probité reconnue. Il serait nécessaire qu'ils possédassent aussi une connaissance profonde des affaires commerciales et un genre d'instruction propre à l'importance de leur mission. Ils devraient être pris de préférence parmi les négocians, et être assez rétribués pour se rendre indépendans et pouvoir accueillir leurs compatriotes. Les opérations commerciales ne devraient pas leur être interdites, elles les mettraient à même de suivre tout ce qui peut intéresser le commerce et d'établir des relations utiles à leur pays. Pour un consul qui réunirait toutes ou du moins une grande partie des qualités que j'indique, 10 ou 12,000 fr. d'émolumens ne sauraient être suffisans, surtout lorsqu'il faut vivre à l'étranger, y tenir un rang, établir des relations avec les autorités du pays, et avoir une influence proportionnée à la nation qu'il représente. De cette faculté de faire des opérations commerciales, résulterait l'avantage que je viens de signaler, et encore celui de subvenir aux frais de leur représentation sans augmenter les charges du gouvernement. Les consuls ont été créés pour protéger le commerce et leurs compatriotes établis ou voyageant à l'étranger; cette partie nomade de la nation qu'ils représentent, doit trouver appui et protection auprès d'eux. Il faut donc que les consuls eux-mêmes jouissent d'une considération qu'ils ne peuvent acquérir s'ils ne réunissent pas les qualités que je réclame. Leur devoir est aussi de fixer l'attention du gouvernement sur les objets importans du commerce, en même temps que sur la politique.

Si nous voulons agrandir notre commerce d'exportation particulièrement avec la Russie, il y a nécessité de réviser le tarif des douanes.

Croirait-on, par exemple, que ce tarif des douanes, indispensable aux négocians, manque depuis 1824 dans le commerce et à l'administrationelle-même, et qu'il n'a point été imprimé depuis 1822, malgré les demandes réitérées qui en ont été faites.

Il est indispensable aussi de s'occuper de revoir les traités de commerce qui ont été faits sous des auspices défavorables aux intérêts de l'industrie et de l'agriculture; ils sont tellement vieillis, (*Celui avec la Russie est de* 1787.) qu'il convient de les modifier, ou plutôt de les refaire, pour les mettre en concordance avec notre civilisation et l'état actuel de la France et de son industrie.

Il faut enfin que l'intérêt personnel cède à l'intérêt général trop long-temps négligé; c'est aux représentans nommés par la nation à montrer l'exemple!!

Les voyageurs de commerce qui vont à l'étranger, sont étonnés de rencontrer, chez les consuls, des incapacités choquantes; on dirait plutôt que les places ont été créées pour les hommes, que les hommes destinés aux places. Aussi l'institution du consulat deviendrait-elle une charge pour la France et son commerce, si l'on ne s'occupait promptement de chercher des hommes plus capables.

Les consuls d'Espagne, de l'Amérique, du Brésil, du Chili, de Varsovie, de Moscou et de St.-Pétersbourg, sont-ils les représentans de la France? La font-ils respecter dans les sujets français qui ont besoin de leur appui? Non; ceux qui ont eu occasion de les connaître savent que je n'avance rien que de vrai, et qu'ils peuvent être cités pour exemple. Je dis ce que j'ai vu ou ce qui m'a été rapporté par des hommes sans passion. J'ai parcouru récemment la Russie, j'y ai passé six mois, c'est de ce pays seul que je vais m'occuper pour ce qui a rapport aux consuls.

L'organisation du consulat en Russie est mal comprise; la manière dont s'exécutent les lois, l'étendue du territoire exigent d'autres distributions. L'éloignement du consul général des consuls, vice-consuls ou agens, met beaucoup de retard dans l'expédition de nombre d'affaires pressantes, ôte l'autorité et l'influence aux consuls secondaires si nécessaires en Russie. Je pense qu'il faudrait que les consuls qui se trouvent trop éloignés du siège du gouvernement Russe, eussent des rapports directs avec le ministre français des affaires étrangères ou avec l'ambassadeur pour des cas urgens. L'avantage qu'il résulterait de cette correspondance directe avec le ministre, serait de mettre ce dernier à portée de juger par lui-même des capacités de ces personnages, dont l'un des soins serait de lui donner des détails sur le commerce et le pays qu'ils habitent. De là surgiraient une foule d'idées plus ou moins utiles et variées, susceptibles d'être appliquées au perfectionnement de notre commerce d'exportation, tandis que toutes les idées se modifient lorsqu'elles sont transmises par des intermédiaires qui font presque toujours prévaloir les leurs.

A quoi sert à Saint-Pétersbourg un consul général avec 24,000 fr.? ce consul a encore un vice-chancelier. L'ambassadeur ne pourrait-il pas avec un simple chancelier rétribué de 8 à 10,000 f., suffire et remplacer avec avantage le consul général? Certes, les Français et leur commerce trouveraient un avantage réel dans la position élevée de l'ambassadeur, par une protection plus puissante, et par une plus prompte expédition des affaires.

Il faut faire un choix sévère de toutes les personnes qui représentent la France en Russie, si l'on veut qu'elles s'utilisent et rendent de véritables services à la Patrie. Il faut aux Russes des hommes qui aient de la représentation, un caractère délié mais ferme, et une autorité suffisante, pour acquérir la considération que leur position réclame.

Il est donc intéressant de ne négliger aucune des circonstances qui peuvent assurer la réussite de ce que l'on se propose.

Voici, je crois, comment il conviendrait de classer les consuls en Russie :

Les émolumens du consul général que je supprime, seraient répartis entre tous les autres consuls, vice-consuls, agens ou chanceliers.

A Saint-Pétersbourg, un chancelier sous les ordres de l'ambassadeur, et correspondant avec lui seul. Il lui faudrait de 6 à 8,000 fr. de traitement. Le vice-chancelier actuel est généralement estimé, les Français le verraient avec satisfaction occuper la place de chancelier dont il remplit les fonctions depuis long-temps. La place de Saint-Pétersbourg est importante par le commerce qui s'y fait, et par ses nombreuses transactions. La colonie française est très peuplée. Les difficultés qui peuvent survenir, et qui en général sont interminables en Russie, pourraient être promptement aplanies, attendu que Saint-Pétersbourg est le siége du gouvernement, que les abus y sont moins fréquens ou au moins plus faciles à réprimer ; et qu'enfin notre ambassadeur, par le crédit que lui donne cette haute fonction, ferait déjà beaucoup par son influence.

A Cronstaadt un agent suffit, il doit également être sous les ordres de notre ambassadeur ; cette place fait très peu de transactions commerciales. L'agent ne fait que constater et protéger l'arrivée et le départ des bâtimens qui versent ou reçoivent leur lest de Saint-Pétersbourg. Cet objet peu important en apparence, présente encore quelques inconvéniens, par les difficultés qu'éprouvent souvent les capitaines au moment de leur départ, lorsque quelque incident les force de réclamer l'intervention du consul, par l'intermédiaire de l'agent consulaire ; il arrive parfois que ce retard les oblige à passer l'hiver dans le port, faute d'avoir pu profiter des vents favorables. Ces difficultés seraient très souvent levées de suite, si l'agent avait un pouvoir plus étendu et n'était pas obligé de s'en référer au consul général de Saint-Pétersbourg.

Moscou doit spécialement fixer l'attention du gouvernement. Cette ville est une des plus considérables qui existe dans la Russie ; placée à peu près à son centre, elle est très florissante, toute industrielle, susceptible de s'agrandir et de posséder une partie des richesses de cette puissance. Elle a des relations étendues avec toute la Russie, dont elle est le siège sous le rapport de l'industrie. Elle n'est éloignée que de 120 lieues de Nigeny-Novogorood, ou se tient la foire la plus importante et la plus curieuse de tout l'univers. La colonie française y est nombreuse, elle réclame avec instance une protection spéciale, qu'elle compte trouver dans l'appui d'un consul, homme de bien. Ce consulat, un de ceux qui nécessitent le plus de représentation, exige un homme capable. La position de Moscou est convenable à la réalisation de ce projet d'exportation de nos objets fabriqués; elle provoquera des mesures et des améliorations utiles. Ce consul a besoin de traiter avec les autorités Russes les plus élevées; des émolumens de 12 à 15,000 fr. ne peuvent lui suffire à cause de la multiplicité de ses rapports. S'il sait prendre de l'influence, il peut rendre de grands services, et lever beaucoup de difficultés qui entravent sans cesse nos relations commerciales, et les ont rendues jusqu'à ce jour presque nulles pour la France.

Odessa, un vice-consul; cette ville, importante par son commerce d'exportation, réclame un homme capable, mais d'un caractère moins élevé qu'à Moscou. Malgré l'importance des transactions commerciales qui deviennent plus considérables les années de mauvaises récoltes en France, un sujet de second mérite peut convenir; et des émolumens de 8 à 10,000 f., seraient suffisans.

Riga, comme Odessa; mais plus intéressant sous le rapport de nos exportations; un consul y est pourtant moins utile qu'à Moscou : un vice-consul pourrait suffire.

Varsovie, un consul; on doit apporter la plus grande attention dans le choix de ce consul, attendu qu'il est la seule autorité française que nous ayons en Pologne. Il peut et doit être très utile à nos exportations ; c'est un homme patriote, éclairé et actif, qu'il faut. En raison de l'étendue de ses rapports, 12 à 15,000 fr. d'émolumens seraient convenables.

Voilà, je pense, comme il conviendrait de classer les consuls. Je viens de parler très succinctement de cet objet important, si mes observations peuvent, comme j'ose l'espérer, contribuer à l'amélioration de notre système des consulats en Russie, j'aurai le bonheur d'avoir été utile à notre industrie et à mes compatriotes qui m'ont donné tant de preuves de bienveillance et d'intérêt, dans toutes les positions sociales où je me suis trouvé.

Je vais parler aussi très brièvement de tous les produits de nos fabriques et de notre sol, que nous pouvons exporter en Russie. Afin de faire connaître combien on a négligé notre commerce extérieur, je prendrai un des articles les plus importans, d'exportation et d'importation, qui se rattache à l'agriculture, au commerce, à l'industrie, et dont l'utilité est devenue indispensable; je désire faire comprendre l'intérêt qu'a le gouvernement de faire cesser l'état de chose dans lequel nous sommes, parce qu'il est nuisible au commerce et à l'industrie. La laine brute et fabriquée m'offre les avantages que je cherche, cette belle et utile matière n'est connue en Russie que dans la fabrication des draps. Elle offre encore, comme on le verra, de grands avantages à l'industrie française.

CHAPITRE IV.

De l'Importation en France des laines brutes de Russie, et de leur exportation fabriquées.

Les étoffes que l'on fait avec la laine, sont en grande quantité; cette industrie, d'une immense importance, occupe peut-être deux millions d'ouvriers. Elle donne à l'agriculture un grand développement; dire que c'est une des plus grandes richesses territoriales et industrielles, ce n'est rien avancer au hasard. Les récoltes de laines sont moins sujettes à l'intempérie des saisons que celles des vins; elles ont, il est vrai, beaucoup de chances par la mortalité des moutons, mais ces chances sont celles de tous les autres produits agricoles; tandis que les vignes, un des plus considérables produits de la France, sont constamment accablées de non-valeurs.

L'emploi de la laine, dans l'économie domestique, est considérablement étendu; je donne le détail des articles qui se fabriquent avec cette matière, et voici les avantages qu'en retire l'industrie.

Je prends pour base une livre de laine lavée en blanc et à fond, du prix moyen de 4 fr. le demi-kilo. Il s'en vend depuis 2 fr. jusqu'à 16 fr. le demi-kilo.

Cette laine, fabriquée et apprêtée en draps ou en mérinos et bonneteries qui sont les articles dont la France consomme le plus, se vend encore la livre de 12 à 18 fr., ou dans la proportion du prix de la laine.

Si quelques articles sont plus avantageux, comme les barèges, les châls brochés ou les objets de fantaisie, dont la France, et l'étranger qui suit ses modes, font une grande consommation, d'autres le sont moins; tels que les couvertures, les molletons et les flanelles; mais les proportions de l'argent réservé à l'industrie sont à peu près les mêmes.

Le gouvernement aurait donc dû porter toute son attention sur une industrie si généralement utile et productive, et employer tous les moyens possibles pour lui donner toute l'extension dont elle est susceptible, et c'est tout le contraire qu'il a fait. Je vais le démontrer en posant les questions suivantes et en y répondant. Je partirai de ce point, afin de faire connaître les moyens pour parvenir à l'exportation, but de ce Mémoire.

1°. A-t-on dû par des droits de 33 pour 100, qui équivalent à une prohibition, établir de fait la prohibition des laines brutes?

2°. Cette prohibition, ou cette entrée exorbitante, a-t-elle été créée dans un but d'utilité publique, ou seulement dans l'unique intérêt des propriétaires de grands troupeaux?

3°. Les primes payées pour la sortie des produits en laines manufacturées, compensent-elles suffisamment les énormes droits d'entrée, et sont-elles utiles ou nuisibles à l'industrie?

A la première question je réponds : le droit de 33 pour 100, sur les laines brutes, a obligé les nations étrangères qui les cultivent, de chercher le moyen de les employer en les fabricant, afin de ne pas perdre le fruit de leurs récoltes, ni laisser détruire une partie si essentielle de leur agriculture. De là est venu aussi, chez elles, la création d'industries jusqu'alors inconnues. L'Espagne et la Russie tiraient à elles seules beaucoup de nos fabriques; nos produits leur étaient devenus nécessaires. Cet impôt de 33 pour 100, fit user ces nations de réciprocité à notre égard, soit en les frappant d'un droit pour le moins égal au nôtre, soit en prohibant chez elles ces mêmes produits.

D'où il résulte qu'on les a obligées de se passer de nos produits, et de monter des fabriques qui par la suite nous priveront de ces deux immenses débouchés.

Je ne prétends pas dire que cette création d'industries nouvelles n'eût pas eu lieu, mais s'il se fût établi des fabriques, c'eût été du moins lentement et en tâtonnant; nos fabriques alors y auraient été préparées, et la concurrence qu'elles auraient pu soutenir chez l'étranger, aurait arrêté l'activité qu'on a mise à former de nouvelles manufactures; mais loin de trouver chez nous un obstacle aux progrès de cette industrie, les Russes ont été encouragés, 1° par les 33 pour o/o de droits d'entrée en France; 2° par les 10 pour o/o environ de frais de transport et commission, ce qui réduit de 43 pour o/o la valeur de leurs laines en les envoyant en France; enfin, par les droits d'entrée chez eux de nos produits fabriqués avec ces mêmes laines qui paient depuis 4 fr. jusqu'à 42 fr. par demi-kilo. Voilà, j'espère, des encouragemens!! et rien de mieux combiné pour la destruction des moyens d'exportation, et de la consommation intérieure de la France.

A la deuxième question, je dis : les propriétaires de moutons le sont aussi de terres et de mines considérables. Pour introduire en France la propagation de beaux béliers mérinos, si difficiles à élever, arriver enfin à obtenir d'aussi belles laines que celles que nous possédons aujourd'hui, les introducteurs ont dû faire de grands sacrifices d'argent, prendre beaucoup de soins et réclamer la protection du gouvernement. Mais pour protéger ce genre de nouvelle richesse, l'on n'aurait pas dû faire supporter à l'industrie les conséquences funestes des droits élevés d'entrée.

J'ai le désir de voir prospérer chez nous cette belle importation, mais je voudrais qu'elle se conciliât mieux avec les intérêts de l'industrie. Je conçois tellement bien l'importance et l'impérieuse nécessité de la continuation de ces établissemens, que je voudrais qu'il fût donné, dans chaque département, un prix annuel et proportionné à la quantité de moutons que le département élève. Ce prix serait alloué aux propriétaires qui auraient :

1° Les plus beaux béliers mérinos, 2° qui possèdent les plus nombreux troupeaux, 3° qui par la suite, introduiraient de nouvelles espèces de laines, ayant toutefois égard à la finesse. Pour la distribution des prix, les classer ainsi : le 1er de 3000 fr., le 2e de 2000 fr. et le 3e de 1000 fr.

Si ces encouragemens n'étaient pas suffisans, il faudrait les augmenter de manière à, non seulement maintenir le haut degré de perfection qu'on a atteint, mais encore à le surpasser, afin de conserver en tout temps un avantage marqué sur les objets manufacturés des autres nations, et nous rendre indépendans d'elles par la possession des matières premières les plus belles.

Je voudrais également que les droits d'octroi fussent raisonnés, et que le petit mouton (destiné comme les gros à la boucherie) qui produit la laine fine, qu'il faut entretenir pour nos fabriques, payât moins de droits qu'un gros mouton qui produit la grosse laine plus facile à obtenir.

Les laines étrangères, ou au moins celles venant des nations avec lesquelles nous devons avoir des rapports de commerce, entreraient avec des droits modérés; ces nations, j'en suis assuré, finiraient par tirer de chez nous des produits de nos fabriques et de notre sol.

Enfin aujourd'hui que la France possède de beaux et nombreux troupeaux, et que sa richesse, à cet égard, égale sous certains rapports celle des états les plus renommés pour cette production, il serait à propos de faire cesser une partie des droits énormes qui la frappe de prohibition, et de rétablir un équilibre si justement et si impatiemment réclamé par l'industrie.

Le produit du mouton, dans un pays ou l'industrie agricole est arrivée à un degré élevé de perfection, en Angleterre par exemple, terre classique de l'agriculture, n'y est considéré que pour l'engrais et la viande ; la laine est un bénéfice en dehors du calcul, elle n'est jamais comptée dans le produit des domaines. Pourquoi notre agriculture n'est-elle pas aussi perfectionnée que celle des Anglais, des Belges et des Allemands ? nous possédons pourtant de bonnes terres, et notre climat est des plus favorables. Mon intention n'est pas de rechercher les causes de cette inertie, et si je tire quelques conséquences d'une industrie si utile, ce n'est qu'en raison du sujet que je traite.

Voyons un peu pourquoi nous laissons exister les droits d'entrée de 33 p. o/o.

Les grands propriétaires de troupeaux le sont, comme je l'ai dit, de terres et de mines. Ils font presque tous, depuis quinze ans, partie de la chambre des députés; seuls calmes au milieu des orages que l'industrie a supportés, ils jouissent de tous les avantages qu'ils se sont procurés, soit en prohibant les produits de l'étranger, soit en y mettant des droits énormes, et notamment sur l'entrée des laines, des fers, des aciers, et des grains, objets de première nécessité qu'on n'a pas craint aussi de charger de cet impôt, au détriment de la population entière. Enfin ils ont obtenu le dégrèvement territorial. Il n'est pas inutile de répéter ici qu'ils n'ont eu aucun égard pour ce qui n'était pas de leurs produits, et que ces derniers, en général, ne sont point frappés de droits d'entrée si exorbitans, que ceux qui les intéressent en particulier. Ils ont été insatiables, et un état permanent de prospérité a été la conséquence de leur conduite. Mais les progrès de l'agriculture ont-ils concouru à ces généreux sacrifices de la nation? non certes; l'agriculture n'a point acquis en proportion des sacrifices qu'on a faits pour elle, elle est restée, pour ainsi dire, stationnaire. Les propriétaires jouissent sans efforts aux dépens de la masse! Ils n'ont pas eu besoin de faire mieux.

Si au contraire l'on compare l'industrie à l'agriculture, on voit qu'elle a été constamment en butte aux intentions malveillantes du gouvernement de Louis XVIII et de Charles X, but qui tendait à son avilissement; on la voit, quoique sans appui, se créer, s'élever et soutenir avec lesAnglais une concurrence redoutable, avouée de nos rivaux eux-mêmes, qui, étonnés et jaloux de nos progrès, ont cherché, mais vainement, par des efforts inaperçus, à arrêter les élans généreux d'une nation qui, par son goût et son noble caractère, sait se faire apprécier de toute l'Europe.

Néanmoins cette industrie, quoique mise en comparaison avec avantage, est accablée *sous le poids de ses efforts*, peu d'établissemens industriels, petits ou grands, ont pu résister à d'aussi mauvais systèmes, et ce qu'il reste encore sera bientôt anéanti, si l'on persiste à maintenir l'état de choses qui nous a régis jusqu'alors.

L'on voit partout en France, l'intérêt général négligé ou mal compris, et l'intérêt particulier parfaitement bien apprécié et en pleine prospérité. La classe la plus laborieuse, la plus industrieuse, celle qui peut le plus contribuer à la prospérité de la nation, se trouve supporter la majeure partie des énormes impôts qui, bien que divisés et répandus avec une partialité coupable, n'écrasent pas moins cette classe intéressante qui ne possède rien autre, que le fruit d'un travail journalier ; tandis que les propriétaires augmentent chaque jour leur revenu par le haut prix des denrées, qu'ils tiennent comme en monopole au moyen de forts droits d'entrée équivalant à la prohibition.

Il est temps enfin que de tels abus cessent ; je parle avec conscience et dans une intime conviction, en dehors de mon intérêt personnel.

Si la libre entrée, ou des droits modérés étaient établis sur les laines étrangères, si des prix d'encouragement étaient distribués dans les départemens, comme je l'ai indiqué, la consommation, pour l'exportation que nous devons en espérer, serait plus considérable, et les prix, sans être aussi élevés, seraient encore assez avantageux pour offrir un produit raisonnable aux propriétaires. Il est un calcul simple pour la Russie, dont je m'occupe plus spécialement; elle pourrait peut-être fournir, d'ici à quelques années, pour un million de francs de laines brutes. Cette exportation pour elle serait considérable, elle ferait augmenter la valeur de ses laines dont le prix se nivellerait avec les nôtres; les leurs auraient à supporter les frais de transport, de commission, etc., etc., charges déjà assez fortes pour eux sans les 33 pour o/o.

Et pourtant, la France achète encore les laines de Russie avec quelques avantages; c'est là où l'on reconnaît toute l'horreur du système d'aussi énormes droits d'entrée, et combien nos fabriques ont eu à souffrir. Hé bien! si nous recevions cette minime importation, la Russie, usant de réciprocité, prendrait peut-être pour cinq à six millions de nos produits manufacturés avec cette matière. Nos autres objets, jusqu'alors prohibés ou supportant d'énormes droits d'entrée chez elle, comme justes représailles de notre conduite, deviendraient de consommation journalière; nos rapports s'y agrandiraient; la promptitude des communications de Paris à Saint-Pétersbourg par les bateaux à vapeur (qui font le trajet en dix jours), hâterait, par ces fréquentes relations avec les Russes, leur civilisation jusqu'alors fort lente, qui ne demande qu'à se répandre rapidement si les moyens s'en présentent.

Les laines propres à certaines industries manquent par fois, et laissent nos fabriques à la discrétion des riches propriétaires français; alors les laines étrangères, accompagnées de droits et de frais énormes, viennent à leur secours comme je l'ai dit plus haut. Ces droits ne peuvent être appliqués qu'aux laines fines, attendu que les laines communes, si nécessaires à nos industries, ne peuvent les supporter, à cause des prix trop élevés pour l'exportation, objet qui pèse encore sur la masse du peuple qui seul consomme les articles communs.

Si l'intérêt général était bien compris, et si on ne l'eût pas sacrifié à l'intérêt particulier, ce qui établit une lutte dangereuse, l'on verrait l'industrie prendre un accroissement proportionné à son importance dans la nation, les denrées agricoles avoir un cours stable et élevé, le peuple plus heureux rendre la vie à la France. L'on verrait enfin l'aisance succéder à l'état de malaise qui existe, et qui ne pourra qu'aller en augmentant si l'on continue de marcher dans les mêmes erremens.

Je le répète, le gouvernement doit toute son

attention et toute sa protection à l'industrie, qui est la source de toute richesse et la puissance de notre belle France. C'est en vain que certains hommes, qui se disent hommes d'état, voudraient lutter contre l'évidence.

Ainsi la prohibition et les droits élevés d'entrée ne peuvent que nuire au commerce qui veut une liberté entière.

La réponse à la troisième question est simple. La prime accordée à la sortie des laines, toute avantageuse qu'elle paraît être aux fabricans, déroge encore au principe de liberté que j'admets dans le commerce, et je dois le dire ici, elle n'a été accordée que pour servir mieux les intérêts des gros propriétaires. Cette prime, si avantageuse en apparence, est reprise bien au-delà par les droits d'entrée qu'exigent les gouvernemens étrangers. La Russie, sur certains articles, nous fait payer 36 francs par demi kilo ou environ de laines fabriquées. Il en résulte que tous les articles que nous présentons aux étrangers se trouvent, à cause des droits, d'un emploi peu commun. Cependant l'article laine fabriqué est d'une utilité générale dans l'économie domestique; si les étrangers ne l'imitent pas, ils cherchent à le remplacer par d'autres étoffes moins convenables à l'emploi qu'ils en font. Cette privation devient une habitude, et les gouvernemens encouragent ce genre de sacrifice qui tient à l'esprit national.

Si, entre les primes de sortie et les droits d'entrée, la balance pouvait exister, cela n'aurait pas dû être un motif suffisant pour fixer le législateur; c'est seulement du moyen de faciliter la consommation ou le débouché qu'il aurait dû s'occuper.

Les étrangers, propriétaires de moutons, ne peuvent nous vendre leurs laines à moins de 43 pour o/o au-dessous de celles des propriétaires français. Ces 43 pour o/o, comme je l'ai dit, se composent du droit d'entrée 33 pour o/o et 10 pour o/o pour frais de transport et commission. Cette exigence de notre part indispose justement les étrangers contre tous nos produits manufacturés et tout ce qu'ils tirent de chez nous, s'ils en jugent d'après les laines, leur fait comprendre combien nous voulons être avantagés dans nos rapports. La réciprocité des droits élevés établit par le fait une prohibition, de laquelle vient la nécessité de monter chez eux des fabriques pour tirer un parti plus avantageux de leurs laines et des autres matières premières chargées également de forts droits.

Le gouvernement ne recueille aucun fruit de ces droits d'entrée; la protection trop spéciale qu'il accorde aux propriétaires de moutons et de mines, est au détriment bien visible de toutes les industries, il éloigne, par cette conduite peu généreuse et mal dirigée, le commerce étranger de nos ports. D'où il suit que nos articles sont oubliés ou bien négligés chez les étrangers qui les auraient pris en usage.

Si un tel état de choses devait encore durer, il amènerait infailliblement la ruine de nos fabriques.

En Russie, en Espagne et chez toutes les autres nations, les propriétaires de moutons et de mines sont, comme chez nous, toutes notabilités des plus élevées. L'esprit national, l'intérêt personnel, l'énergie de leur caractère, leur fait apprécier avec sévérité la marche impolitique de la France à cet égard.

Arrivons à un principe plus raisonnable, nous verrons les étrangers user de réciprocité. Nous emploierons leurs laines, et eux consommeront les objets de nos manufactures et certains produits de notre sol.

Rappelons-nous bien que depuis la création des mécaniques l'industrie se transplante facilement avec toutes ses perfections. Nous avons une supériorité acquise par l'habitude et par le goût, profitons vite de quelques années qui nous restent encore avant que nos voisins aient atteint le nivellement général qui doit forcément exister plus tard. C'est en donnant à bon marché que nous arrêterons chez les étrangers cette activité, fruit de notre politique irréfléchie. Peut-être donnerons-nous, par ce moyen, un mouvement rétrograde aux industries qui s'élèvent chez eux.

Les douanes ne sont pas toujours des barrières insurmontables, on s'en affranchit souvent pour les objets fabriqués qui laissent quelques marges dans les prix d'entrée.

La Russie possède environ 1,500,000 moutons. Si ses fabriques étaient toutes en activité, les laines qui proviennent des récoltes seraient insuffisantes pour les alimenter. Mais jusqu'alors elle n'a fait que des draps, tous les autres articles en laine sont ou inconnus ou peu en usage dans sa consommation. Elle fait des essais en filatures et en étoffes, ils sont encore loin de la perfection. Faisons-lui connaître toutes les belles qualités de la laine et son emploi. Les laines de Russie sont fines, bonnes, bien soignées et à bon marché; elles ne peuvent être qu'avantageuses à nos fabriques.

En traitant du commerce d'exportation avec la Russie, je me suis attaché plus particulièrement à la laine à cause de la quantité considérable d'étoffes qu'elle sert à fabriquer tant en objet de luxe que d'utilité. Je vais donner le détail de toutes ces étoffes, et quelques indications plus spéciales pour celles dont l'usage peut devenir plus commun en Russie.

CHAPITRE V.

Des produits en laines que les fabriques françaises établissent avec le plus de perfection, de solidité et de goût.

DRAPERIE.

Le demi kilog. fabriqué, paye 8 fr. d'entrée en Russie ; beaucoup de couleurs sont prohibées.

La Russie fabrique tous ses draps de troupes, et elle tire le reste de la Pologne ; elle fait aussi d'assez beaux draps fins. Cependant il n'y a pas d'uniformité dans sa fabrication, et rarement on trouve une quantité de pièces traitées également bien. Les tientures et les apprêts réusissent mal en général. Les Anglais y fournissent beaucoup de draps et demi draps fins, casimirs, etc. Les draps français, quoique moins bien apprêtés que ceux des Anglais, sont recherchés pour les couleurs, les apprêts, leur solidité et leur belle qualité. Les draps anglais ont beaucoup d'apparence, mais au porté les draps français sont préférés.

Tissus mérinos.

L'uni et le façonné payent d'entrée 12 fr. 50 c. le demi kilog. Cette étoffe est peu connue en Russie. Elle est souple, légère, prend très bien les couleurs ; elle est une des plus belles que nous fassions en laine. Sa consommation en France s'est augmentée des trois quarts depuis dix ans. Cette étoffe est devenue de première nécessité pour les femmes, c'est aussi celle dont l'usage peut le plus se rapporter aux draps pour la consommation. Les Anglais ne font qu'un petit drap-flanelle aussi cher et moins beau ; c'est par ce motif que le mérinos sera d'une exportation considérable, même chez eux, lorsque les droits d'entrée sur les laines seront modifiés et que les nouveaux traités de commerce auront donné à la France une prépondérance industrielle.

Bonneterie en tous genres paye 12 fr. 50 c. le demi kilog. d'entrée en Russie. La France fait bien la bonneterie, l'Angleterre la fait mieux, et la Russie n'en fait point. L'Angleterre, qui fait presque exclusivement ce commerce avec les Russes, peut leur fournir les choses usuelles, et la France les objets de goût et de luxe.

Fantaisie-laine en tous genres paye de 38 à 42 fr. le demi kilog. d'entrée en Russie ; c'est de la France quelle tire ces objets dont l'exportation a été jusqu'à présent peu considérable, mais qui est susceptible de s'augmenter par les motifs que j'ai exposés plus haut.

Tapisserie en tous genres brochés, paye 5 f. le demi kilog. C'est aussi la France seule qui fournit ces objets dont la consommation peut devenir de même plus importante.

Draps d'homme, de femme et demi draps, payent d'entrée en Russie 8 fr. par demi kilog. La Russie en fabrique beaucoup ; son plus grand débouché est en Asie. (*Voir ci-dessus l'article draperie.*)

Couvertures. Les droits d'entrée sont de 12 f. 50 c. le demi kilog. En Russie, faible consommation ; en France, grande consommation.

Flanelle croisée comme le mérinos. Mêmes observations que pour le mérinos uni; le même droit d'entrée de 12 fr. 50 c. le demi kilog.

Flanelle de santé. En France, grande consommation ; les Anglais la font mieux que nous. En Russie, également grande consommation, les Anglais fournissent tout ; l'entrée est de 3 francs le demi kilog.

Crêpes, écharpes, fantaisies, chals. Immense consommation en France. En Russie, faible consommation fournie par la France. Ces objets sont très avantageux au commerce, mais les énormes droits à l'entrée en Russie en arrêtent la consommation ; ils sont de 38 à 42 fr. le demi kilog.

Camelot, casimir, cassinette. En France, consommation assez considérable ; en Russie, consommation moyenne fournie par la France. Entrée en Russie, 12 fr. 50 c. le demi kilog.

Étamines à bluteaux, bouracan, reps. En France, consommation considérable ; en Russie, consommation assez étendue fournie à bon marché par les Anglais qui confectionnent ces objets moins bien qu'en France. L'entrée en Russie est de 4 fr. le demi kilog.

Ratine, couleurs permises. (Elles sont désignées au tarif et varient beaucoup.) En France, petite consommation ; en Russie, il s'en fabrique peu et s'en consomme peu. L'entrée est de 8 fr. le demi kilog.

Ratine blanche. En France, beaucoup ; en Russie, petite consommation fabriquée dans le pays. L'entrée est de 12 fr. 50 c. le demi kilog.

Tapis imprimés ou peints. En France beaucoup ; en Russie petite consommation, prohibés.

Tapis brochés, ordinaires et à lisses. En France beaucoup ; en Russie peu ; la France a la préférence sur les Anglais, elle en fournit la presque totalité à la Russie. L'entrée est de 5 f. le demi kil.

Frises, Grisettes, Molleton, Peluche. En France, grande consommation ; en Russie, très petite consommation fournie par la France. L'entrée est de 3 f. le demi kilog.

La laine s'emploie encore dans une multitude d'objets manufacturés, mélangée avec du coton, de la soie, du lin ou autres matières susceptibles d'être filées. Elle est en général d'une grande utilité, d'un porté agréable, prenant et conservant bien les couleurs.

CHAPITRE VI.

La France peut exporter encore en Russie, soit des produits de son sol, de son industrie, ou résultant de son commerce d'échange, ce qui suit :

Vins de Champagne en grande quantité.
Id. *de Bordeaux*. *Id.*
Eaux-de-vie. *Id.*
Fruits secs. *Id.*
Huile d'olives fine. *Id.*

Étoffes de soie. Malgré la multitude de fabriques qui existent en ce genre chez les Russes, et ce que les Anglais qui commencent à les bien faire y importent, nos soieries sont toujours recherchées partout, et plus particulièrement chez eux.

Étoffes d'or et d'argent. Très recherchées de chez nous pour le goût et les dessins.

Rubans. Mêmes perfections que les étoffes de soie de France et mêmes observations.

Filatures de coton. Les Anglais en exportent, dans les n°s 24 à 40, 22 millions de livres par an. La France ne pense pas seulement à cet objet qui serait si important pour ses fabriques. Elle paie d'entrée 65 c. le demi kilog.

Filatures de laine peignée. Consommation à créer. Il faut une licence du gouvernement russe; elle paie d'entrée 25 c. le demi kilog.

Drogues. Moyenne consommation.

Parfumerie. Recherchée malgré plusieurs établissemens qui existent en Russie.

Ganterie. Id.

Morues et Sardines. Petite consommation.

Bijouterie. Recherchée par sa légèreté et le goût. Elle est prohibée.

Horlogerie. Recherchée en objets de luxe et de prix de nos premiers horlogers.

Diamans. Tout au luxe ; consommation inaperçue.

Faïence, porcelaine. La Russie en tire peu.

Étain, plomb. La France en exporte peu.

Chevaux de luxe. Id.

Oiseaux de prix. Id.

Librairie. Il en entre beaucoup en Russie, mais après la censure.

Articles de mode et de fantaisie. Elle en fait une consommation considérable qu'elle tire de France, comme tissus et chals cachemire, etc.

Toiles fines et batistes. Consommation considérable qu'elle tire de France.

CHAPITRE VII.

Énumération des principaux objets que la Russie reçoit de la France, de l'Angleterre principalement, et des autres nations.

SAVOIR :

Cotons filés.—Tout lui vient des Anglais qui en fournissent environ vingt-deux millions de livres par an.

Mousseline et *Cotonnade.* —En assez grande quantité, venant de l'Angleterre, qui servent à entretenir leurs fabriques d'impression.

Bière anglaise. — Recherchée, quoiqu'on en fasse de très bonne en Russie.

Bas de laine et *Bonneteries.* — Fournis par les Anglais.

Coutellerie et *Quincaillerie.* — Peu de France, beaucoup d'Angleterre.

Draps, Flanelles, et autres étoffes de laine. — Fournis par les Anglais, les Hollandais, peu par les Français.

Aiguilles anglaises. } Droits d'entrée : 15 fr. la liv.
— d'autres nations. }

Vins étrangers.
Sucre.
Faïence, terre de pipe anglaise.

Café.
Thé.
Fruits secs et verts.
Fil.
Charbon de terre.
Drogues.
Bois de teinture.
Arrack.
Etain.
Plomb.
Chevaux.
Oranges.
Oiseaux de prix.
Librairie.
Tableaux.

CHAPITRE VIII.

Énumération de ce que la Russie exporte en produits de son sol et de ses fabriques, ou de son commerce d'échange.

SAVOIR :

Blé.
Farine.
Lin.
Chanvre.
Laines.
Bois de construction.
Potasse.
Suif.
Graine de lin.
Soie de porc.
Crin de cheval.
Cordages.
Marbres et granits.
Cotonnades.
Goudron.
Toile et linge de table façonné (passable).
Cuirs de Russie. Jaroslavl. Kostroma. Pskoff.
Nattes avec la pelure du bouleau.
Gros draps.
Bougie jaune (jamais

blanche).
Toile à voile (bonne).
— moyenne (passable).
Bœufs et vaches sur pied.
Cuir brut et ouvré.
Fer.
Cuivre.
Poix.
Résine.
Plumes à écrire.
— de lit.
Huile de chénevis.
— de poisson.
Colle *dito*.
Fourrure.
Rhubarbe de la Chine.
Tabac.
Malachite.

Cire.
Suif préparé pour faire la bougie.
Aiguilles et épingles, (mauvaises).
Quincaillerie, *dito* et grossière.
Verrerie, verroterie et cristaux.
Teinturerie.
Caviar.
Cachemires bruts.
Maroquin rouge et vert.
Parchemin.
Salpêtre.
Toiles-mousselines peintes de leurs fabriques (très belle).

L'énumération en forme de tableau que je viens de mettre sous les yeux de mes lecteurs, leur indique tous les objets propres à l'industrie, qu'ils exercent tant comme objet d'importation que d'exportation.

Si notre industrie n'est pas à la hauteur de celle des Anglais, elle offre du moins de plus grands avantages par la diversité et la perfection inimitable de beaucoup d'articles ; je ne saurais trop, toutefois, prémunir sur les nombreuses difficultés qui s'élèvent, pour faire le commerce avec la Russie, mais ces difficultés sont les mêmes pour les Anglais, et cependant elles n'ont point empêché l'accroissement de leur commerce avec cette nation. Pourquoi ne pas les imiter, et chercher à faire disparaître l'énorme différence qui existe entre l'importance de leurs relations, et les nôtres avec les Russes ? Quoique arrivés les derniers, nous pouvons encore recueillir beaucoup, avec de la persévérance, et un ordre de choses mieux compris.

Si par cet abrégé succinct, je suis parvenu à démontrer l'importance d'avoir des relations plus étendues avec la Russie, en faisant reconnaître les avantages qu'en retirera le commerce français, mon but, celui d'être utile à mon pays et à mes compatriotes, est rempli. Je forme des vœux pour que ces relations aient tout le succès que je me suis proposé, et trouvent dans le gouvernement la protection nécessaire à leur agrandissement.

TABLE.

www.ingramcontent.com/pod-product-compliance
Lightning Source LLC
LaVergne TN
LVHW050433160826
845677LV00002BA/691

* 9 7 8 2 3 2 9 6 7 6 1 4 2 *